Instagram für

Unternehmen

Was Sie als Unternehmen über Instagram wissen

müssen: Strategie für Ihren Marketingerfolg und

technische Grundlagen um Ihr Instagram-Profil

optimal zu gestalten

© 2018 Roger Basler

Autor: Roger Basler

Illustration und Gestaltung: Roger Basler

Herstellung und Verlag:
BoD - Books on Demand, Norderstedt
ISBN 978-3-746-09460-1

Einleitung

Instagram gehört zu den weltweit meistgenutzten sozialen Plattformen. Bilder und Videos sind heutzutage selbstverständlich im Content enthalten und bringen Ihnen vielversprechendes Engagement. Vielfach wird jedoch das Betreiben einer sozialen Plattform wie Instagram unterschätzt. Instagram wird Ihnen erst nützen, wenn Sie genau wissen, wie Sie es verwenden müssen.

Vorteile von Instagram

Sie brauchen keine teure Ausrüstung, nur ein Smartphone und einen Account. Sie müssen nicht perfekt sein auf Instagram. Die Plattform ist sowohl auf dem Desktop wie auch auf dem Smartphone sehr einfach und benutzerfreundlich zu bedienen, die Nutzung macht so richtig Spass. Instagram benötigt für Sie einen relativ kleinen Aufwand, der jedoch einigen Ertrag abwirft.

Die Beliebtheit von Instagram wird auch in nächster Zeit anhalten, da die Kommunikation dank reinen Video- und Bildbeiträgen gänzlich anders ist. Zudem ist Instagram auch sehr interaktiv, es wird viel mehr geliked und kommentiert als auf anderen Netzwerken. Die Community reagiert auf Instagram viel mehr auf Content als beispielsweise auf Facebook. Ein zusätzlicher Vorteil ist, dass Instagram sich mittlerweile von einer mehrheitlich von einer jungen, weiblichen Zielgruppe zu einem

Netzwerk mit über 800 Millionen Mitgliedern entwickelt hat. Sie werden garantiert unter diesen 800 Millionen Nutzern finden, was Sie suchen und jemanden finden, der Sie sucht.

Aber Achtung: Es reicht nicht, wenn Sie täglich Bilder posten ohne ein richtige Strategie dahinter. Wir zeigen Ihnen in diesem Leitfaden, wie Sie ein Instagram-Profil optimal aufsetzen, die Strategie definieren und Ihr Profil zielgerichtet verwenden.

In dieser Grafik sehen Sie die tägliche Verweildauer in Minuten im Vergleich von Facebook, Instagram und Snapchat im Jahr 2016[1]. Durchschnittlich werden 20.3 Minuten pro Tag auf Instagram verbracht. Im Vergleich zu Facebook besteht

---

[1] Quelle: Statista.com, 2018

Instagram aus wenig textlichen Inhalten, sondern

mehr visuellen. Im Verhältnis ist die Zeit relativ

lang, da die visuellen Inhalte schneller

erfahrungsgemäss schneller registriert werden.

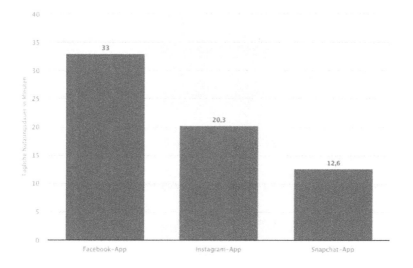

Geschichte

Instagram gibt es bereits seit dem Jahr 2010 und wurde von Kevin Systrom und Mike Krieger entwickelt. Zu dieser Zeit wurden Selfies gerade populär, es ist also kein Wunder, dass Instagram schnell zu einem der beliebtesten sozialen Netzwerken wurde. Instagram funktioniert als Microblog, der Nutzer kann Bilder oder Videos hochladen und mit einer Beschreibung und Hashtags versehen. Zuerst wurde die App im App-Store nur Apple-Geräten zur Verfügung gestellt, erst zwei Jahre später konnten Android-User die App ebenfall herunterladen. Kurz darauf wurde Instagram von Facebook für 760 Millionen Euro aufgekauft.

Untenstehend sehen Sie Instagram in seinen Anfängen im Vergleich zu heute. Sie sehen einerseits auf der linken Seite, dass Instagram im Jahr 2013 rund 6.4 Millionen Follower hatte. Dazumals hatte Instagram 150 Millionen aktive Nutzer. Auf der rechten Seite ist Instagram heute, mit 800 Millionen aktiven Nutzern und dem offiziellen Instagram Konto folgen rund 230 Millionen Menschen.

[2] Quelle:dailytech.com 2018

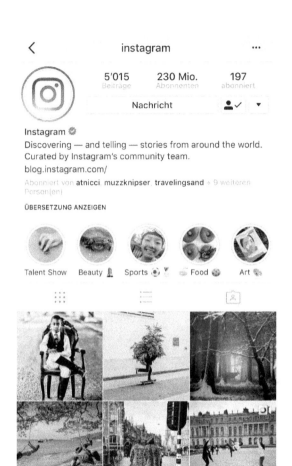

Auch das Logo hat sich seit Beginn ziemlich

verändert. Der Regenbogen war immer präsent,

anfangs jedoch im Hintergrund versteckt und das

Logo war noch ziemlich aufwändig. Heute ist es

mehr "clean", Hier sehen Sie eine kleine Übersicht:

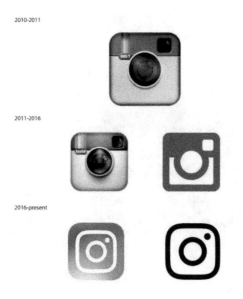

2010-2011

2011-2016

2016-present

3

---

[3] Seeklogo.net 2018

Kürzlich hat Instagram sogar Facebook bei den

15-24-Jährigen sogar überholt.[4] In dieser Grafik

sehen Sie die Entwicklungen der beliebtesten

sozialen Plattformen. Während Facebook von der

Marktführerposition verstossen wurde und auf dem

absteigenden Ast ist, steigt Instagram

kontinuierlich.

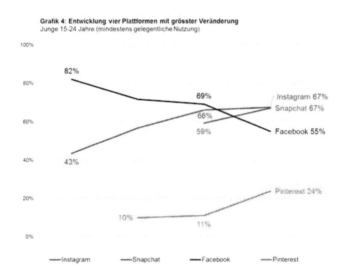

Grafik 4: Entwicklung vier Plattformen mit grösster Veränderung
Junge 15-24 Jahre (mindestens gelegentliche Nutzung)

[4] Quelle: IGEM-digiMONITOR 2017

15

Instagram wird von den meisten privat genutzt, hat sich aber bis heute als lukrative Plattform für Unternehmen etabliert. In diesem Jahr verzeichnete Instagram 800 Millionen aktive Nutzer, 300 Millionen davon sind täglich aktiv.[5]

---

[5] Quelle: Statista, 2017

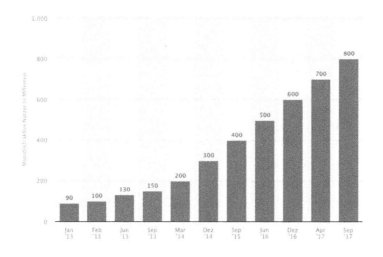

Wir zeigen Ihnen jetzt, wie Sie Instagram für sich nutzen können und wie Sie Ihre Follower-Anzahl und Ihre Reichweite steigern können.

Der erste Schritt

Überlegen Sie sich zuerst: Wen wollen Sie ansprechen via Instagram? Es ist eine eher junge Zielgruppe von 20 - 35 Jahren, sehr bildorientiert, also visuell gesteuert und kein klassischer Push

Kanal. Es ist eine Community, in der Sie geben und

nehmen müssen. Das heisst, es macht vielleicht

mehr Sinn, für Ihre Produktlinie oder für Ihr

Recruiting einen Instagram Kanal aufzumachen als

für Ihre Firma - denn diese könnte - gelinde gesagt

"langweilig" sein. Wenn Sie dies festgelegt haben,

gehen Sie auf instagram.com oder laden Sie dazu

die App herunter. Sie brauchen entweder ein

Facebook-Konto, eine Mailadresse oder eine

Telefonnummer für die Verifizierung. Erstellen Sie

dann ein Profil - Achtung, das ist zuerst ein

PRIVATES, also persönliches Profil - Sie können Ihr

privates Profil erst danach in ein

Unternehmensprofil umwandeln.

Instagram

Registriere dich, um die Fotos und Videos deiner Freunde zu sehen.

f Mit Facebook anmelden

---------- ODER ----------

Handynummer oder E-Mail-Adresse ⊗

Vollständiger Name

Benutzername ⊗

Passwort ⊗

Registrieren

Durch deine Registrierung stimmst du unseren Nutzungsbedingungen und unserer Datenrichtlinie zu.

Ihr Profil besteht grundsätzlich aus einem Profilbild, einer Beschreibung (die sogenannte Bio), bei einem Unternehmensprofil zusätzlich noch aus Website, Adresse und Kontaktdaten (Email oder Telefon). Das Spezielle an Instagram ist, dass die App auf dem Smartphone viel mehr kann als die Desktop-Version. Das heisst, Sie können auf dem Smartphone Privatnachrichten versenden sowie Beiträge hochladen und Stories anschauen, all diese Funktionen sind auf dem Desktop nicht verfügbar. Arbeiten Sie also in jedem Fall auf Ihrem Smartphone.

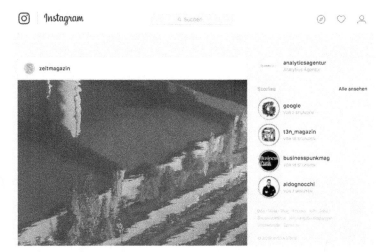

Desktop-Version

Smartphone-Version

Business-Profil erstellen

Für ein Business-Profil brauchen Sie eine

Unternehmensseite von Facebook. Wenn Sie diese

haben, können Sie auf Ihrem Instagram-Profil auf

das Zahnradsymbol klicken, um in die

Einstellungen zu gelangen.

Analytics Agentur
Internetmarketingservice
Ihre SEO Agentur in Winterthur. Analytics, Digitales
Marketing, Social Media - wir kennen uns aus und bauen
Ihren Online Erfolg aus.
linktr.ee/analyticsagentur
Neustadtgasse 1a, Winterthur, Switzerland

Danach können Sie ganz einfach auf "In Business-Profil umwandeln" anklicken und Sie werden durch eine Anleitung geführt.

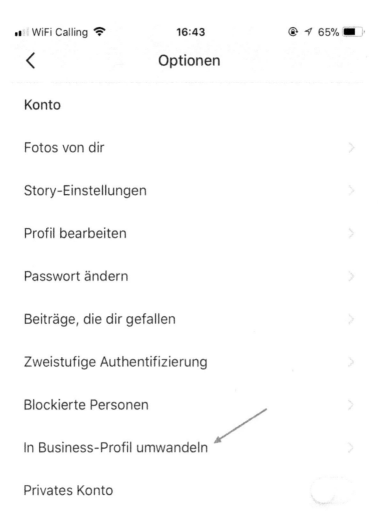

‹   **Optionen**

Konto

Fotos von dir   ›

Story-Einstellungen   ›

Profil bearbeiten   ›

Passwort ändern   ›

Beiträge, die dir gefallen   ›

Zweistufige Authentifizierung   ›

Blockierte Personen   ›

In Business-Profil umwandeln   ›

Privates Konto

Sie müssen danach Ihr Profil mit einer

Facebookseite verbinden. Die Seite muss ein

Unternehmensprofil sein und kein privates Konto.

<

Mit Facebook verbinden

Unternehmensprofile auf Instagram sind mit
Facebook-Seiten verbunden und unterliegen ihren
Nutzungsbedingungen

Seite auswählen   >

Wenn Ihr privates Instagram Konto bereits mit

Ihrem Facebook-profil verbunden ist, werden Ihnen

alle Seiten angezeigt, von denen Sie

Administratorenrechte haben.

Verbinde deine Facebook-Seite

Unternehmensprofile auf Instagram sind mit einer Facebook-Seite verbunden. Du kannst dieses Profil verwenden, wenn du Werbeanzeigen auf Facebook erstellst. Wir kopieren deine Unternehmensdaten und du kannst sie bearbeiten.

SEITEN, DEREN ADMINISTRATOR DU BIST

Wird deine Seite hier nicht angezeigt? Dann bist du möglicherweise kein Administrator. Wende dich in dem Fall an den Administrator deiner Seite, um Berechtigungen zu erhalten.

Danach sind Sie schon fast fertig, Sie können jetzt

noch eine E-Mail-Adresse sowie eine

Telefonnummer und eine Anschrift eingeben. Ihr

Business-Profil ist jetzt eingerichtet.

‹   Fertig

Unternehmensprofil einrichten

Bearbeite oder entferne alle Informationen, die nicht
auf Instagram angezeigt werden soll. Du kannst dies
jederzeit in den Einstellungen bearbeiten.

IMPORTIERTE INFORMATIONEN VON DER FACEBOOK-SEITE

✉   E-Mail-Adresse
_____

☐   CH▾ +41 Telefonnummer
_____

◉   Anschrift   ›

Profilbild

Ihr Profilbild wird nur klein und abgerundet

angezeigt. Die User werden sich trotzdem damit

identifizieren, es muss also ansprechend und klar

sein. Nutzen Sie Ihr Unternehmenslogo oder etwas,

mit dem man Sie sofort erkennt.

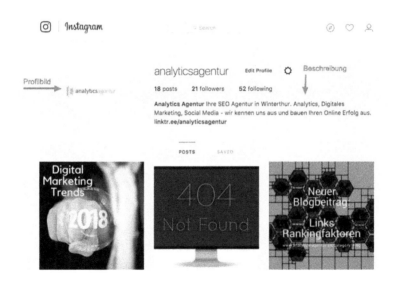

Ihre Beschreibung - die Bio

Beschreiben Sie sich und Ihre Tätigkeit kurz und knapp in der Bio.

TIPP: Schreiben Sie diese vorher auf dem Smartphone in einer Notepad App - so können Sie nämlich Zeilenumbrüche einfügen, was sonst nicht möglich ist.

|||| analytıcsagentur

Profilbild ändern

Name	Analytics Agentur
Benutzerna...	analyticsagentur
Webseite	https://linktr.ee/analyticsagentur

Beschreibung/Bio

Steckbrief	Ihre SEO Agentur in Winterthur. Analytics, Digitales Marketing, Social Media Wir kennen uns aus und bauen Ihren

Sie haben die Möglichkeit, einen Link einzufügen.

Da nur ein einziger Link möglich ist, überlegen Sie

sich genau, welchen Sie verwenden.

Tipp 2: Da Sie normalerweise nur einen Link zur Verfügung. Das können sie das verbessern indem Sie den folgenden Dienst verwenden und aus einem Link mehrere machen. Sie haben eine unlimitierte Anzahl Links zur Verfügung. Gehen Sie dazu auf die die Website https://linktr.ee/, mit welchem Sie mehrere Links verankern können. Es ist kostenlos, Sie haben unlimitierte Anzahl Links zur Verfügung und können die Klicks tracken. Zusätzlich haben Sie einige Designs zur Verfügung, um die Buttons zu gestalten. Beim Abo für 6 Euro monatlich erhalten Sie noch zusätzliche Features wie beispielsweise das Sharing im Team und Retargeting von Kunden mit Hilfe von Facebook Pixel.

||| analyticsagentur

@analyticsagentur

Kostenloser SEO Ratgeber

Kostenlose SEO Analyse

Kurs zum E-Commerce Professional

Digital Marketing Professional Bootcamp

 linktree

Kontaktdaten

Wenn Sie Ihren Account mit Facebook verlinkt
haben, können Sie Ihre Kontaktdaten importieren.
Ihre E-Mailadresse und Telefonnummer muss
zusätzlich noch bestätigt werden. Danach wird in
Ihrem Profil eine direkte Verlinkung zu Ihrer
Telefonnummer, Ihrer E-Mail und eine
Wegbeschreibung zu Ihnen aufgeschaltet.

+2 analyticsagentur ⌄ .ıl ⟲

18   21   52
Beiträge   Abonnenten abonniert

Hervorheben   Profil bearbei...   ☼

Analytics Agentur
Internetmarketingservice
Ihre SEO Agentur in Winterthur. Analytics, Digitales
Marketing, Social Media - wir kennen uns aus und bauen
Ihren Online Erfolg aus.   Kontaktdaten
linktr.ee/analyticsagentur
Neustadtgasse 1a, Winterthur, Switzerland ↙

Anrufen   E-Mail   Wegbeschreibung

Wie Sie bei Instagram starten können

Sie haben nun Ihr Profil bereits erstellt und können

anfangen, sich zu vermarkten.

Tipp: Erwarten Sie keine schnellen Erfolge. Es

braucht durchschnittlich 120 Beiträge und 50

Videos, bis Sie eine angemessene Reichweite erzielen können. Verknüpfen Sie Ihre Social Media Konten miteinander und verlinken Sie auch alles auf Ihrer Website und allenfalls auf anderen Profilen.

Obwohl der visuelle Content bei Instagram unabdingbar ist, ist auch die direkte Kommunikation mit Ihren Fans sehr wichtig. Sie brauchen nicht nur viele Follower, diese müssen auch mit Ihrem Content interagieren, das heisst vor allem liken und kommentieren. Gary Vaynerchuck hat dazu die 1.80 Strategie entwickelt - im Ansatz spannend, in der Praxis aber sehr schwer

umzusetzen. Er sagt nämlich: nimm deine 2 Cents

(mein bescheidener Beitrag…) und multipliziere

diesen in Form eines Kommentars auf 90 Beiträge -

"Giving you my two cents on this.." und daraus

resultiert ein organisches Wachstum von ca. 100

Follower. Der Aufwand dazu wäre aber rund 3

Stunden pro Woche. Zusätzlich bringt es Ihnen

nicht viel, wenn Sie nur Follower erhalten durch

Ihre Follow-for-Follow-Strategie. Sie möchten reale

Follower, die Ihren Content mögen und nicht

solche, die Ihnen folgen weil Sie es tun. Natürlich

können Sie Ihre ersten Follower so generieren,

jedoch ist der Aufwand viel zu hoch, die Zeit

investieren Sie besser in die Contenterstellung.

Welche Interaktionsformen gibt es

Als Interaktion gelten unter anderem Likes, Kommentare und Beiträge speichern.

- Likes: Mit einem Like geben Sie an, dass Ihnen ein Beitrag gefällt. Ein Like ist schnell vergeben, mit einem Doppelklick auf dem Smartphone oder Desktop gefällt bereits ihr Beitrag.
- Kommentare: Ein Kommentar ist als Interaktion schon mehr wert als ein Like, da es mehr Zeit braucht und aufwändiger ist.
- Beiträge speichern: Seit ein paar Monaten kann man auf Instagram auch Beiträge in seiner Sammlung speichern. Man hat hier

einen zusätzlichen Reiter in seinem

persönlichen Profil.

Analytics Agentur
Internetmarketingservice
Ihre SEO Agentur in Winterthur. Analytics, Digitales
Marketing, Social Media - wir kennen uns aus und bauen
Ihren Online Erfolg aus.
linktr.ee/analyticsagentur
Neustadtgasse 1a, Winterthur, Switzerland

Alle   Sammlungen

Nur du siehst, was du gespeichert hast

Die ideale Zeit um zu posten

Instagram ist ein schnelllebiges Netzwerk. Sie

müssen im richtigen Moment einen Beitrag

veröffentlichen, damit er von möglichst vielen

gesehen wird. Überlegen Sie sich, wann Ihr Leser

die App nutzt, testen Sie verschiedene Uhrzeiten.

Unserer Erfahrung nach sind die meisten Nutzer

morgens vor 8 Uhr und nach 17 Uhr am meisten

online. Auch Sonntag Morgen und Sonntag Abend

funktioniert sehr gut. Freitag- und Samstagabends

sind die meisten Leute anderweitig beschäftigt,

hier sollten Sie keine Beiträge veröffentlichen.

Um sich einen Überblick über Ihre Community zu

verschaffen, können Sie auch die Insights pro

Beitrag anschauen. Versuchen Sie, verschiedene

Zeiten auszuprobieren und zu analysieren, wann

Sie am meisten Reichweite erlangt haben. Im

Kapitel "Analyse" zeigen wir Ihnen die Funktionen

der Insights genauer.

Gepostet am 03.01.2018, um 16:17

❤ 13   💬 2   🔖 0

Handlungen

1
Handlungen

Profilaufrufe	1
Abonnements	0

Entdecken

73 %
der Konten, die diesen Beitrag
gesehen haben, folgen dir nicht

Reichweite	26
Impressionen	40
Von der Startseite	27
Von Hashtags	9
Vom Profil	3
Von sonstigen Quellen	1
	44

Tipp: Zusätzlich empfehlen wir Ihnen Websta darin

sehen Sie noch mehr Insights, Hintergründe und

Demographics zu Ihren Followern. Untenstehend

ein Auszug aus unserem Account. Durch Websta

haben Sie einerseits eine Übersicht und Analyse

Ihres eigenen Accounts, anderseits aber auch über

Ihre Aktivitäten und Interaktionen mit anderen

Accounts. Es wird Ihnen angezeigt, welche Posts

Sie geliked haben und wie viele Likes diese

Beiträge sonst erhalten haben. Sie können Ihre

Hashtags analysieren lassen und die beste Zeit, um

Ihre Beiträge zu posten.

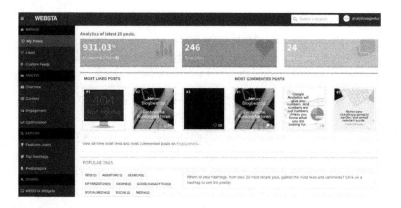

Auch interessant ist die "Explore"-Section, hier können Sie verschiedene Instagram-Profile und Hashtags anderer Profile durchforsten. Sie sehen die Insights beispielsweise vom offiziellen Instagram-Account, deren beliebtester Hashtags oder eine Übersicht der generell beliebtesten Hashtags.

TOP 100 HASHTAGS

These are the all time top Instagram hashtags. The number in the parentheses represents the number of posts tagged with the hashtag.

1.	#love	(1,231,473,269)	51.	#sky	(160,107,482)
2.	#instagood	(712,900,318)	52.	#vsco	(158,321,294)
3.	#photooftheday	(480,869,292)	53.	#makeup	(155,800,634)
4.	#fashion	(464,779,229)	54.	#l4l	(155,067,316)
5.	#beautiful	(449,695,128)	55.	#foodporn	(147,046,167)
6.	#happy	(416,465,000)	56.	#f4f	(142,194,196)
7.	#cute	(407,706,318)	57.	#hair	(141,209,672)
8.	#tbt	(403,692,687)	58.	#pretty	(138,095,464)
9.	#likeforlike	(399,799,490)	59.	#cat	(134,213,558)
10.	#followme	(379,769,599)	60.	#model	(134,087,598)

Content

Überlegen Sie sich zuerst die Ansprache. Möchten

Sie gerne duzen oder siezen, schreiben Sie auf

Deutsch oder Englisch, sind sie kollegial oder

förmlich, mit Witz, Schalk oder sehr trocken.

Wechseln Sie ruhig ab und probieren Sie auch hier

aus, was bei Ihrer Zielgruppe am besten ankommt.

Konsultieren Sie dazu die Analytics Funktion in

Instagram. Erfahren Sie dazu mehr im Kapitel

"Analyse".

Neben Bildern sollten Sie sicher auch Videos, mit

und ohne Ton, veröffentlichen. GIFs sind ebenfalls

eine witzige und unterhaltsame Art von Content.

Sie haben hier fast unbegrenzte Möglichkeiten, Sie

können als Video auch eine bewegte Bilderreihe

erstellen oder mehrere Fotos unter einem Beitrag

hochladen und so eine Geschichte erzählen.

Lassen Sie sich inspirieren durch die Hashtag

Suche!

Klar wird der Erfolg eines Instagram Accounts auch an den Followern gemessen. Es gibt zwei Arten, wie Sie zu neuen Followern kommen. Einerseits durch die Art, die wir Ihnen vorhin gezeigt haben, mit tollem Content und vielen Interaktionen, andererseits durch das Kaufen von Followern. Wir haben diese Methode natürlich auch ausprobiert und können Ihnen ein Feedback aus unseren Erfahrungen geben. Auf den ersten Blick erspart man sich viel Zeit, Geld und Mühe. Wenn ein Account bereits viele Follower hat, ist man eher gewillt diesem Account zu folgen, da man den bereits folgenden Personen vertraut. Zudem ist es je nach Ihren Ansprüchen noch unverschämt günstig. Sprich; durch Fake-Follower sprechen Sie reale Follower an, und senken deren

Hemmschwelle, Sie zu abonnieren.

Die erste Variante ist, sich simpel die Follower auf

einer Plattform zu kaufen. Es gibt etliche

Plattformen, wir haben beispielsweise HQ Like

verwendet. Sie haben auf der Website

verschiedene Möglichkeiten, Sie können

Fanpage-Likes kaufen für durchschnittlich 1.50

Euro, aber auch Video Views, Kommentare,

Post-Likes oder sogar Bewertungen mit und ohne

Kommentar dazu. Sie haben wirklich unbegrenzte

Möglichkeiten. Das Problem dabei ist, dass Ihre

gekauften Follower die Beiträge natürlich nicht

liken, das heisst, Sie kaufen entweder die

Interaktionen dazu oder akzeptieren, dass Ihr

Follower-Interaktions-Verhältnis nicht stimmt.

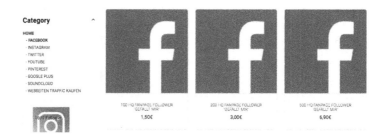

Die zweite Möglichkeit ist eine

Instagram-Automatisierung. Sie aktivieren hier

einen Bot, der automatisiert andere Posts liked und

kommentiert und Ihnen dadurch Follower

generiert. Im Gegensatz zu den fixfertige

gekauften Followern ist hier aber der Nachteil,

dass die meisten Follower nach ein paar Tagen

wieder abspringen.

Wichtig: Sie brauchen nicht tausende Follower und Likes. Legen Sie Ihre Ziele fest und erstellen Sie eine Zielgruppe, die Sie erreichen möchten. Wenn Sie 15'000 Follower haben, die nicht mit Ihnen interagieren oder potentielle Kunden sind, bringt Ihnen das nichts. Da haben Sie lieber zuerst 500 "echte" Follower, die sich für Sie interessieren.

Leider geben Sie mit solchen Methoden nicht nur sehr viel unnötiges Geld aus, Sie gefährden auch die Authentizität und das Vertrauen in Ihr Unternehmen.

Sie können auch selbst Ihre Interaktionsrate ausrechnen. Zählen Sie dazu einfach die Anzahl der Likes und der Kommentare zusammen und dividieren Sie durch die Anzahl der Follower. Das

Ergebnis multiplizieren Sie mit 100, danach erhalten Sie den Prozentsatz Ihrer Interaktions- oder sogenannten Engagement Rate.

Likes + Kommentare / Follower x 100 = Interaktionsrate

Die durchschnittliche Interaktionsrate liegt bei ungefähr 15 Prozent.

Um Ihre Followeranzahl auf natürliche Weise zu erhöhen, haben wir Ihnen 6 Tipps zusammengestellt. Sie können Ihre Beiträge auch bewerben, dazu erklären wir Ihnen mehr im Kapitel "Werbung auf Instagram".

Tipp: wie komme ich an Follower?

1. Folgen Sie spannenden Accounts

2. Folgen Sie spannenden Hashtags: Sie können neu neben Personen und Unternehmen auch Hashtags folgen. Diese Funktion kommt Unternehmen auch sehr entgegen, da Sie mit Ihren Hashtags so noch viel mehr Leute erreichen, die Sie indirekt durch den Hashtag abonniert haben.

1.3 Mio. Beiträge

Abonniert

Ähnliche: #digitalmarketing #marketingstrategy #website #di

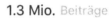

Top   Neu

3. Liken Sie

4. Kommentieren Sie

5. Vertaggen Sie

6. Reposten Sie: Zum Reposten empfehlen wir

die kostenlose App "Repost". Mit dieser

App können Sie ganz einfach Beiträge reposten, wir erklären Ihnen jetzt, wie das geht. Laden Sie die App "Repost" herunter.

Gehen Sie danach in die Instagram App und wählen den gewünschten Beitrag aus. Wenn Sie diesen geöffnet haben, können Sie oben rechts auf die drei Punkte gehen und "Link kopieren" auswählen.

Niemals sind wir so ehrlich, wie wenn wir gooqeln.

Auf Facebook teilen

⟶ Link kopieren

Beitragsbenachrichtigungen aktivieren

Melden

Abbrechen

Danach öffnen Sie wieder die Repost App, der Beitrag erscheint bereits in der Übersicht.

Wenn Sie den Beitrag anwählen, können Sie

wählen, wo das Repost Zeichen angezeigt wird und

schon ist Ihr Beitrag fertig.

Niemals
sind wir so
ehrlich, wie
wenn wir
googeln.

Google

SAMSU

⟲ ⟶ analyticsagentur

7. Nutzen Sie Stories: Die ganze Bandbreite

von Instagram-Stories zeigen wir Ihnen im

Kapitel "Instagram Stories".

8. Achtung: Eine Speicherung ist keine Interaktion, sie ist rein zu Ihrer Sammlung und Inspiration gut.

Verwenden Sie wertvolle Bilder

Bilder sind mehr als zweidimensionale

Darstellungen. Bilder übermitteln Emotionen. Wir

lösen mit jedem Bild in dem Betrachter etwas aus.

Denken Sie immer daran, wenn Sie einen Beitrag

planen. Achten Sie auf die Qualität der Bilder und

Ihrem Inhalt. Seien Sie einzigartig und bieten Sie

Ihrem Kunden Mehrwert. In den Postings sind

Ihnen keine Grenzen gesetzt. Veranstalten Sie

Wettbewerbe, Umfragen, Verlosungen, posten Sie

Quotes und Teaser zu Ihren Blogposts.

Wettbewerbe sind auch ein ideales Tool, um

E-Mail Adressen zu generieren für Ihren

Newsletter.

Neuer Blogbeitrag:

DSGVO 2018

www.analytics-agentur.ch/category/blog

Bildbearbeitung

Die Bilder können danach idealerweise noch bearbeitet werden. Wir empfehlen Ihnen, von den vorgefertigten Instagram Filtern die Finger zu lassen und diese in einem separaten Programm zu bearbeiten. Wir empfehlen die App "VSCO". Die App ist übrigens kostenlos und benötigt nur ein Login über E-mailadresse oder Telefonnummer. Danach können Sie ganz einfach starten. Nehmen Sie entweder das Bild gleich direkt über die App auf, oder Sie laden ein bereits vorhandenes Bild aus Ihrer Bibliothek hoch. Sie haben in der App ebenfalls wie bei Instagram verschiedene Filter zur Verfügung.

Abbrechen Organisieren Speichern

Voreinstellungen Werkzeuge Rezepte

VSCO

B1

B5

C1

G3

M3

M5

P5

T1

X1

Für die genaue Bildbearbeitung haben Sie viele

Werkzeuge zur Verfügung. Wir empfehlen, vor

allem mit diesen Werkzeugen zu arbeiten anstatt

mit Filter.

Voreinstellungen   **Werkzeuge**   Rezepte

☀	Belichtung
◑	Kontrast
⟳	Glätten
⌐	Zuschneiden
▱	Y-Neigung
▱	Y-Neigung
△	Schärfen
△	Klarheit
◐	Sättigung
H	Lichtfarbe
S	Schatten

Call-to-Actions

Verwenden Sie in Call-to-Actions in Ihren
Instagram-Posts. Ein guter Call-to-Action, also eine
Handlungsaufforderung, ist ein Bestandteil von
einem wertvollen Post, bei dem es mehr zu
erfahren gibt. So können Sie zum Beispiel Ihre
Follower auffordern, einen Link in der Bio zu
klicken, einen Kommentar zu hinterlassen oder
einen Beitrag zu teilen. Wenn Sie Inhalte posten,
verfolgen Sie die 80/20 Regel. Liefern Sie 80 %
wertvollen, relevanten Content in Ihren Posts und
versuchen Sie nur bei 20% der Posts, Ihre Leser zu
einem Kauf oder einer Handlung wie

beispielsweise dem Klicken auf einen Link zu

überzeugen.

Insights anzeigen   Hervorheben

♡ ○ ▽   🔖

Gefällt **honglerkerzen, leamaed** und **22 weiteren Personen**
analyticsagentur 404-Seiten einrichten, aber warum?
Lesen Sie jetzt unseren Blogbeitrag 🖥 👻 Link in unserer
Bio ◄——— Handlungsaufforderung
Alle 2 Kommentare anzeigen
13. DEZEMBER 2017

Tipp 1: Sie können keine Links in den

Beschreibungen von den Posts setzen und auch

die Bilder nicht verlinken

Tipp 2: Wenn Sie bewusst via einen Post direkt

verlinken wollen müssen Sie den Beitrag (Post)

bewerben. Sie sehen dann einen normalen Post,

unter dem Benutzernamen steht "Gesponsert".

Unten am Beitrag können Sie einen Link einfügen,

der sich bei einem Klick darauf öffnet.

 **theeconomist**
Gesponsert

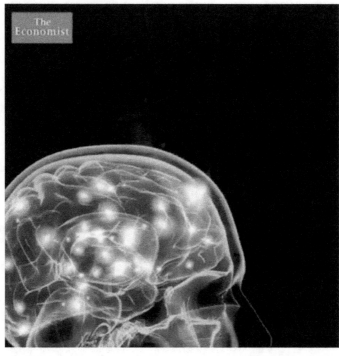

Mehr dazu ←——   >

1'242 Aufrufe

theeconomist Brain-computer interfaces may change what it means to be human. Read stories like this, and... mehr

Hashtags

Hashtags sind bei Instagram essenziell. Sie können einerseits Pointen setzen mit Hashtags und, was noch viel besser ist, Ihre Reichweite erhöhen. Ein Hashtag funktioniert auch als Ordnungsgeber. Das heisst, Hashtags sammeln Beiträge unter einem bestimmten Thema. Für den Nutzer liefern also Hashtags eine Gruppierung von Bildern zu einem gewissen Thema, beispielsweise #googleanalytics und so können auch neue Follower zu Ihnen finden. Überlegen Sie sich von Anfang an etwa 25 Hashtags, die Sie setzen möchten. Schauen Sie sich einmal bei beliebten Instagram Accounts um, oder bei Ihrem Mitbewerb. Sie können auch gut selbst einen Hashtag erfinden und diesen

regelmässig verwenden und sich damit

positionieren.

analyticsagentur
Wintioffice Coworking

analyticsagentur Auch wir sagen
#ichbindigital weil wir #analytics #seo und
#digitalesmarketing optimieren um mehr zu
wissen

Wie finden Sie Ihre richtigen Hashtags?

Es ist einfach, die gängigen Hashtags zu nutzen.

Doch je beliebter ein Hashtag ist, desto grösser ist

die Gefahr, dass er in der Masse untergeht. Bei

Hashtags dürfen Sie ähnlich wie bei der Suche

nach Ihren Keywords vorgehen, suchen Sie nach

ähnlichen Begriffen, Synonymen und Wortspielen.

Sie können auch für Hashtags Inspiration beim

Google Keyword Planner suchen. Sie müssen auch

überlegen, in welchem Markt Sie tätig sind:

Kommunizieren Sie auf Deutsch oder Englisch?

Wählen Sie den Hashtag entsprechend. Es gibt

neu auch die Funktion, dass Sie Hashtags folgen

können. Nutzen Sie dies einerseits für Inspiration

und anderseits nutzen Sie dies als Chance, mehr

Follower zu gewinnen mit Ihren Hashtags.

Instagram Stories

Durch Instagram Stories können Sie noch mehr

Authentizität vermitteln und Persönlichkeit zeigen.

Auch Live-Videos erfreuen sich immer grösserer

Beliebtheit. Zuerst von Instagram, nun von

Facebook, YouTube und anderen sozialen Netzwerken übernommen, wird Live-Streaming immer mehr verwendet, vor allem, um Authentizität zu zeigen. Die Kundenbindung wird auch durch Social Media immer enger, die Marken müssen authentisch, vertrauenswürdig und transparent sein. Auch Umfragen können Sie jetzt in Ihren Stories verwenden, was Ihnen eine riesige Interaktion einbringen wird. Umfragen sind besonders beliebt bei den Usern, noch mehr als offene Fragen, in denen man mit Kommentaren antworten kann. Dies liegt vor allem an den Menschen selbst, mit einer Auswahl an Antworten sind die User weniger gehemmt, Ihre Meinung preiszugeben als wen Sie am Schluss in einem

Kommentar die einzigen sind, die die eine

Meinung vertreten. Zu allem hinzu ist eine Umfrage

in drei Sekunden beantwortet, während ein

Kommentar viel mehr Aufwand bringt.

Es gibt seit ein paar Wochen die Funktion, dass

man Stories nun als Highlight abspeichern kann in

seinem Profil und hat so eine neue Chance, seine

Stories nicht nur für 24 Stunden sichtbar zu

machen, sondern die Kundennähe noch mehr zu

zeigen. Stories hatten bis jetzt den Vorteil, dass die Qualität nicht perfekt sein musste, sondern vielmehr der Inhalt zählte. Jedoch ist auch ein gewisser Aufwand nötig und man hat nur ein kleines Zeitfenster, indem der Beitrag sichtbar ist. Durch die neue Speicherfunktion ist der Aufwand ein wenig mehr gerechtfertigt.

Welche Funktionen bieten Stories? Sie können verschiedene Features in den Stories einfügen. Ganz simpel können Sie einen Text einfügen, Sie haben aber eine Vielzahl an Funktionen zur Verfügung.

Sie sehen untenstehend das Angebot, wenn Sie eine Story erstellt haben. Sie können durch Wischen über den Bildschirm einen Filter über Ihr

Bild legen. Weitere Funktionen sind oben rechts integriert. Sie können Text einfügen, zeichnen oder einen Hashtag, Standort, Emoji, Uhrzeit oder sogar ein GIF einfügen. Wenn Sie Ihre Story fertig designt haben, können Sie sie unten Links speichern, als Nachricht versenden oder schlussendlich posten.

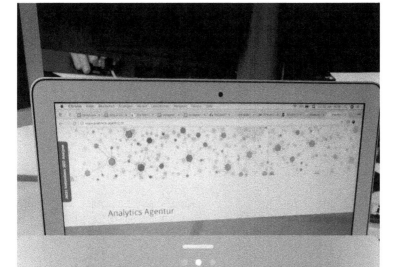

Analytics Agentur

● STANDORT   7°C   1428

⊙ GIF   📷   #HASHTAG

≡ UMFRAGE

Stories können Sie danach auch archivieren, ganz einfach, indem Sie bei der erstellten Story auf "Speichern" klicken. Sie haben bei einer erstellten Story zwei Möglichkeiten, diese zu speichern. Einerseits können Sie es öffentlich als "Highlight" abspeichern, somit wird es in Ihrem Instagram-Profil jedem angezeigt.

Sie können es aber wie vorhin erwähnt archivieren,

das heisst, Sie speichern es nicht öffentlich in Ihrem

Instagram Profil ab. Wir empfehlen Ihnen, jede

Story abzuspeichern, so haben Sie eine gute

Übersicht über Ihre bisherigen Stories und den Zahlen, wer Ihre Story angesehen hat. Zusätzlich können Sie Posts, die gut performt haben, recyceln. Beachten Sie aber, dass das Format nicht dasselbe ist, aber ein gutes Bild und eine gute Aussage können Sie schnell anpassen.

Feed Gestaltung

Einige Profile achten sehr auf das Design des Feeds. Mit der App <u>Unum</u> können Sie Ihren Feed vorausplanen und gestalten. MTV hat den Account der VMAS so gestaltet. Sie haben verschiedene Videos hochgeladen, die im Einzelnen funktionieren, und im Gesamtbild der Instagram-Übersicht ein ganzes Bild nochmals ergeben.

< vmas ...

181	354 Tsd.	83
Beiträge	Abonnenten	abonniert

Folgen ▾

Video Music Awards ✓
TV-/Filmpreis
Official account for the MTV VMAs.
vma.mtv.com/
New York, New York
Von **effortlyss** abonniert

ÜBERSETZUNG ANZEIGEN

Wegbeschreibung

Influencer

Wie oft wurden Sie bereits beim Kauf durch Influencer beeinflusst? Viele Unternehmen lösen bereits jetzt die Frage nach der Authentizität durch Influencer. Der Begriff Influencer ist hier dehnbar, es kann von bekannten Bloggern bis hin zu zufriedenen Kunden gehen. Influencer haben den Vorteil, dass Sie viel mehr Nähe zu einem Produkt vermitteln können als klassische Werbung. Was aber ist ein Influencer? Man unterscheidet hier zwischen Micro-, Makro- und Mega-Influencer. Dies hängt vor allem von der Followerzahl und dem geografischen Einfluss ab. Auf Instagram ist

Influencer-Marketing gross im kommen. Ein Influencer definiert sich übrigens nicht nur über die absolute Grösse von seiner Anzahl Follower sondern vor allem durch die Interaktionsrate, die über 3% liegen sollte. Für die Schweiz gibt es dazu den Influencer Index Likeometer und für die internationale Community auch eine KLOUT Score sowie Influence.co.

Roger L. Basler de Roca

Roger Liam Basler #sharingeconomy #ecommerce #gigeconomy #digitaltransformation #teslasharing #digitalstrategist #startup #fundraising #economic #boyscout #jazz

| E-Commerce ★ Experte | Geschäftsentwicklung ★ Experte |

| Internet-Startups ★ Experte | Risikokapital ★ Experte | Schweiz ★ Experte |

| Unternehmertum ★ Experte | Amazon | Analytische Informationssysteme |

| Beratung | Content Marketing | Crowdfunding | Crowdsourcing | Elon Musk |

| Geschäft | Geschäftskontakte | Innovation | Internetmarketing | Management |

| Marketing | Mergers & Acquisitions | Personalbereich | Projektmanagement |

| Social Media | Soziale Netzwerke | Suchmaschinenoptimierung (SEO) | Technologie |

| Twitter | Werbung | Wirtschaftswissenschaften | Zeitmanagement |

Micro-Influencer

Ein Micro Influencer hat nicht übermässig viele

Follower, etwa 250 bis 5'000. Diese Follower sind

dafür aber sehr aktiv. Das Engagement bei Micro

Influencern ist dementsprechend höher. Zudem

gelten Micro Influencer als Spezialisten in Ihrem

Gebiet, da Ihre zwar "wenigen" Fans so viel

Vertrauen und Herzblut in Form von Kommentaren

und Interaktionen in Sie stecken.

Die Vorteile von Micro-Influencer sind vor allem am

Anfang überragend. Da ein Micro-Influencer in

einer Nische agiert, haben Sie eine sehr spezielle

Zielgruppe. Es fällt Ihnen leichter, für Sie

relevanten Content zu produzieren. Sie haben folgende Vorteile durch Micro-Influencer:

- Sie sparen Kosten: Als erstes kostet ein Beitrag von einem Micro-Influencer weniger, zweitens können Sie mit einem Micro-Influencer ein spezifischeres Publikum erreichen, was Ihre Streukosten senkt.

- Micro-Influencer pflegen eine höhere Vertrauensbasis zu Ihren Fans, Ihr Inhalt wird somit auch ernster genommen.

- Durch diese Fakten steigert sich Ihre Engagement-Rate.

- Umgekehrt können sich Micro-Influencer besser mit Ihren Followern identifizieren und

Ihren Content exakt auf ihre Fans

zuschneiden.

Mögliche Arten der Zusammenarbeit:

- Sponsored Story: Der Influencer erwähnt Sie

  in Ihrer Story.

- Shoutout: Ein anderer Channel postet zum

  Beispiel einer Ihrer Beiträge und fordert

  seine Follower auf, Ihnen auch zu folgen

- Taggen: Ein anderer Channel markiert Sie

  auf seinem Beitrag.

- Follower Aufruf: Ein Account ruft seine

  Follower auf, in einer Story oder

  Beschreibung, Ihnen zu folgen.

- Product Placement: Ein anderer Channel

  postet einen Beitrag mit einem Ihrer

Produkte. Achtung: Vergessen Sie nicht den Hinweis, dass es eine Paid-Partnership ist.

novalanalove
Bezahlte Partnerschaft mit newshahaircare

•••

Trotz aller Möglichkeiten: Bleiben Sie sich treu

Wenn Sie sich für einen Weg entschieden haben, bleiben Sie ihm auch treu - überfordern Sie Ihre Fans nicht. Sie können Dinge gerne ausprobieren, jedoch mit Bedacht, damit man den Faden in Ihrem Account nicht verliert. Auch wenn die Generierung neuer Follower und Reichweite nur schleppend vorwärts geht, verlieren Sie nicht Ihre Authentizität. Wenn Sie sich verstellen, um mehr Follower zu generieren (die Ihnen keine Conversion oder Engagement bringen), verlieren Sie nur Glaubwürdigkeit. Geben Sie sich und Ihrem Account also genug Zeit und lernen Sie auch von solchen Accounts, welchen Sie folgen.

Lassen Sie sich inspirieren

Es ist sehr hilfreich, wenn Sie sich Ihre Konkurrenz anschauen auf Social Media. Sie können in jedem Fall viel lernen. Analysieren Sie die meistgeklickten Beiträge Ihrer Konkurrenten und inspizieren Sie deren Hashtags. Wichtig: kopieren oder klauen Sie nichts! Sie suchen hier nur nach Ideen und Inspirationen. Sie können hierfür auch wieder Hashtags verwenden. Nutzer gewöhnen sich auch schnell an bewährte Modelle.

Seien Sie aktiv

Posten Sie wenn möglich mindestens ein Mal pro Woche, idealerweise mehr. Sie zeigen einerseits so Ihren Lesern, dass diese Ihnen am Herzen liegen und Sie sich engagieren, andererseits sind Sie so immer wieder im Gedächtnis Ihrer Leser. Aktiv sein heisst aber auch, dass Sie aktiv kommentieren, Bilder liken und Accounts folgen müssen.

Wie Sie richtig Ziele setzen:

- Know your why! Warum wollen Sie auf Instagram setzen? Lohnt sich Aufwand und Ertrag davon?

- Definieren Sie klare Ziele. Das heisst nicht, mehr Conversions zu generieren, sondern pro Stunde Aufwand mindestens fünf zusätzliche Conversions.

- Behalten Sie Ihren roten Faden! Legen Sie Ihre Strategie fest und halten Sie sich daran.

- Holen Sie sich Feedback ein - von Ihren Mitarbeitern, Kunden und natürlich von Ihren Instagram-Followern.

- Setzen Sie sich einen Zeitpuffer, indem Sie sich über Neuigkeiten von Instagram informieren, es reichen auch 10 Minuten in der Woche.

Kennen Sie Ihre Zielgruppe

Wenn Sie Ihre Ziele festlegen, müssen Sie Ihre Zielgruppe in- und auswendig kennen. Definieren Sie Ihre Zielgruppe klar, und versuchen Sie nicht, eine breite Masse zu erreichen, die für Sie nicht geeignet ist.

No-Go's

Kaufen Sie sich keine Follower. Es bringt Ihnen nichts, wenn Sie 3'000 Follower haben, aber nur 20 Likes auf einem Beitrag. Betreiben Sie nicht mehr als fünf verschiedene Instagram-Konten, es macht auch keinen Sinn.

Outsourcing

Sie haben Mühe, genug Content wie beispielsweise passende Quotes oder Stockfotos zu finden? Sourcen Sie es out! Es gibt zahlreiche Plattformen, die Ihnen für wenig Geld Quotes zusenden, Bilder anfertigen oder Ihre Postings timen etc. Wir empfehlen Ihnen hier fiverr. Fiverr ist eine Plattform, wo jeder seine sogenannten "Gigs" anbieten kann, darunter auch solche, die Ihnen für Social Media nützlich sein können.

Explore The Marketplace
Get inspired to build your business

Graphics & Design	Digital Marketing	Writing & Translation	Video & Animation

Analyse: Statistiken inkl. Screenshots

Analysieren Sie Ihre Erfolge. Einerseits zeigt Ihnen Instagram bei jedem Beitrag die Insights an. Insights beinhalten die Handlungen, das heisst, wie viele Konten Ihr Profil nach dem Ansehen des Beitrags aufgerufen haben und wie viele Sie danach abonniert haben. Anderseits zeigt es Ihnen einen Prozentsatz an, wie viele Konten, die Sie nicht abonniert haben, den Beitrag gesehen haben. Auch die Reichweite ist die Anzahl individueller Konten, die Ihren Beitrag gesehen haben und die Impressionen ist die Zahl, wie viel Ihr Beitrag gesehen wurde.

Insights

817 Abonnenten
+3 in den letzten 7
Tagen

321 Beiträge
+2 in den letzten 7
Tagen

717 Reichweite
+22 in den letzten 7 Tagen

ABONNENTEN   Mehr anzeigen >

61%   **39%**
Männer   Frauen

Alter 25-34
Die meisten deiner Abonnenten befinden
sich in dieser Altersgruppe.

Zürich
Frauenfeld
Winterthur

Werbung auf Instagram / Screenshots

Werbung auf Instagram ist in den letzten Jahren massiv beliebter geworden. Es gibt drei verschiedene Anzeigetypen auf der Plattform. Alle können Ihnen dabei helfen, mehr Publikum zu erreichen oder mehr Conversion zu erzielen.

Foto Ads

Mit Werbeanzeigen mit normalen Fotos können Sie diese in der Timeline Ihrer Zielgruppe anzeigen lassen oder eine Story erstellen zwischen den verschiedenen Stories der Nutzer.

swisscomxtra
Gesponsert

Video Ads

Sie können auch Videos als Anzeige schalten. Das

Video darf allerdings nur 60 Sekunden lang sein -

was auch genügt, meist werden Werbungen nicht

länger angesehen, vor allem nicht in diesen

schnelllebigen Netzwerken. Wir empfehlen Video

Ads aufgrund der grossen Beliebtheit von

Video-Content generell sehr.

Karussell Ads

Karussell-Werbeanzeigen sind mehrere Bilder

innerhalb einer Werbefläche. Sie haben auch einen

CTA-Button zur Verfügung.

Welchen Werbetyp sollten Sie verwenden?

Zuerst brauchen Sie ein Facebook-Konto, um Instagram-Werbung zu schalten. Gehen Sie auf den Business Manager von Facebook und eröffnen Sie dort ein Konto. Dann können Sie Ihr Instagram-Konto hinzufügen. Wenn Sie eine Werbeanzeige erstellen, können Sie verschiedene Werbeziele einstellen: Markenbekanntheit, Reichweite, Traffic (das sind Klicks auf Ihre Website oder sonstige Links) und so weiter. Sie können auch Ihre Zielgruppe individuell festlegen, beispielsweise nach Geschlecht, Verhaltensweisen, Standort und noch viel mehr. Sie können ein Budget festlegen und es wird entweder pro Interaktion oder pro Seitenaufruf bezahlen. Das

Budget können Sie pro Tag oder in der ganzen

Laufzeit festlegen.

Best Practice

Wenn Sie sich jetzt bereits Inspirationen suchen wollen, empfehlen wir Ihnen den Account von McDonald's Switzerland, Nutzername: mcdonalds_switzerland . McDonalds hat 10'000 Follower und 519 Beiträge. Sie posten fast jeden Tag und erstellen dazu tägliche Instagram-Stories. Wenn Instagram eine neue Funktion aufschaltet, probiert McDonald's diese gleich aus, beispielsweise mit Stories speichern. Sie posten viele Videos und geben sich sehr kundennah. Man hat das Gefühl, in eine Familie Einblick zu erhalten. McDonald's verknüpft auch die Konten miteinander, sie posten zum Beispiel regelmässig

ihren Snapchat-Account.

mcdonalds_switzerland ⊘

519 posts   **10k** followers   **311** following

McDonald's Switzerland Welcome to the official McDonald's Switzerland
Instagram account 🍔 Tag @mcdonalds_switzerland! www.adventcalendar.ch

Verifizierung

Der blaue Haken ist Ihnen wahrscheinlich bereits

von Facebook oder Twitter bekannt. Im Gegensatz

zu den anderen beiden sozialen Plattformen kann

man bei Instagram keinen blauen Haken

beantragen. Instagram entscheidet selbst, wem Sie

die Verifizierung verleiht und welchem Account

nicht.

t3n_magazin ✓   Abonniert   ▾ ···

1.561 Beiträge   **21,9k** Abonnenten   **98** abonniert

t3n Magazin ▧Magazin für Startups, Marketing, E-Business & Webentwicklung
▧t3nmagazin ▧t3n feiert den 50. - hier gibt es Infos zur Jubiläumsausgabe:
t3n.me/2hwDqyo

Der blaue Haken verbessert Ihre Position in der

Instagram-Suche. Deshalb ist die Verifizierung

ziemlich begehrt unter Instagrammern. Es gilt auch

als ein kleines Statussymbol, wenn man einen

blauen Haken errungen hat. Der kleine blaue

Haken verspricht also mehr Traffic, mehr Follower

und mehr Interaktionen. Leider veröffentlicht

Instagram auch keine Vorgaben, wie man die

Verifizierung erreichen kann, Sie müssen hier

einfach arbeiten und hoffen. Klar ist, dass Sie viele

Follower brauchen und eine grosse Reichweite.

Voraussetzung ist, dass die Follower echt sind und

auch die Likes und Kommentare organisch erstellt

wurden und nicht gekauft. Authentizität können Sie

laut Instagrams-Hilfebereich auch so erlangen:

„Wenn dein Konto kein verifiziertes Banner

aufweist, gibt es andere Möglichkeiten, wie du

andere Personen wissen lassen kannst, dass du

authentisch bist. Du kannst beispielsweise von

deiner offiziellen Webseite, deiner Facebook-Seite

oder deinem Twitter-Konto einen Link zu deinem

Instagram-Profil bereitstellen."

Die ersten 100 Follower

Wir haben Ihnen eine Checkliste

zusammengestellt, wie Sie die ersten 100 Follower

generieren können. Wir fassen auch noch einmal

einige Punkte zusammen, die wir Ihnen bereits

erklärt haben, damit Sie hier ein ganzes Konzept in

einem haben.

1. Profil: Füllen Sie Ihr Profil vollständig aus.

   Das heisst, verwenden Sie ein Profilbild,

   eine Beschreibung und verlinken Sie Ihre

   Kontaktdaten und Website.

2. Beiträge: Posten Sie mindestens 10

   Beiträge, bevor Sie anfangen, Ihr Profil zu

   bewerben.

3. Facebook: Verbinden Sie Ihr Instagram-Profil mit Ihrer Facebook-Seite. Dies ist sowieso notwendig, um ein Instagram-Business-Profil zu erstellen.

4. Kommentieren: Kommentieren Sie Beiträge von anderen. Suchen Sie nach Hashtags für Inspirationen oder schöne Profile.

5. Liken: Liken Sie andere Beiträge. Liken Sie sowohl Posts von gefolgten Konten wie auch von noch unbekannten, hier können Sie die Funtion "Entdecken" gut nutzen oder auch durch Hashtags relevante Posts finden.

6. Hashtags: Erarbeiten Sie eine Hashtag Strategie. Folgen Sie Hashtags, um immer

aktuelle Beiträge zu Ihrem Thema zu erhalten und vergleichen Sie deren Hashtags dazu.

7. Verlinken Sie Ihr Instagram-Profil: Machen Sie bekannt, dass Sie jetzt auch auf Instagram zu finden sind. Verlinken Sie Ihre Profile auf Ihrer Website und auf Ihren anderen Social Media Kanälen.

8. Geo-Tagging: Fügen Sie Ihren Standort zu Ihren Beiträgen hinzu.

9. Mentions: Wenn Sie eine Marke, eine Person oder sonst einen Account ansprechen, markieren Sie die jeweiligen Personen in der Beschreibung oder im Bild.

10. Grossartiger Content: Follower gewinnen Sie nur durch grossartigen Content. Überlegen Sie sich eine Strategie für Ihren Feed und fangen Sie gleich an!

Zusammenfassung

Instagram ist eines der beliebtesten sozialen Netzwerke seit 2010. Die ersten Schritte sind relativ einfach; erstellen Sie ein professionelles Profil mit Profilbild, einer Beschreibung, verlinken Sie Ihre Website und Kontaktdaten. Für Ihre Beschreibung können Sie, wenn Sie mehrere Links verwenden möchten, https://linktr.ee konsultieren. Vergessen Sie nicht, die Social Media Konten miteinander zu verknüpfen und auf Ihrer Website zu verlinken. Kommunizieren Sie direkt mit Ihren Kunden, Interaktionen sind wichtig. Probieren Sie aus, um welche Zeit Ihre Follower am aktivsten sind, bei uns haben sich vor allem die Zeiten morgens vor 8 Uhr und abends nach 17 Uhr und Sonntag Morgen und Abend bewährt. Überlegen Sie sich zuerst die Sprache und wie Sie mit Ihrem Publikum sprechen möchten. Verwenden Sie relevante Bilder und bieten Sie Mehrwert. Nutzen Sie Handlungsaufforderungen. Mit Hashtags können Sie neue Follower generieren und Ihre Reichweite erhöhen, Sie können neu auch Hashtags folgen. Zeigen Sie Persönlichkeit durch Instagram Stories. Zur Vermittlung von Kundennähe können Sie auch auf Influencer zurückgreifen, am Anfang vor allem auf Micro-Influencer. Scheuen Sie sich nicht, sich am Anfang von Ihren Mitbewerbern inspirieren zu lassen, solange Sie nicht 1:1 kopieren. Posten Sie mindestens ein Mal pro Woche, wenn möglich mehr und setzen Sie sich klare Ziele, die Sie erreichen möchten. Wenn Sie mit der Content-Erstellung nicht vorwärts kommen, können Sie es outsourcen, beispielsweise auf Fiverr. Vergessen Sie auch nicht, Ihre Erfolge zu analysieren. Wenn Sie Ihre Beiträge auf Instagram bewerben möchten, gibt es drei verschiedene Arten. Es gibt die Foto Ads, die Video Ads und die Karussell Ads.

Über den Autor

Roger L. Basler de Roca ist Betriebsökonom FH

und Unternehmens-Architekt. Er ist Referent und

Autor seit mehreren Jahren und bekannt für

innovative und digitale Geschäftsmodelle. Als

Digital Native mit einer Vorliebe für Sprachen und

fremde Länder war er lange als Berater im Ausland

(u.a China, USA, Naher Osten sowie Nordeuropa)

tätig. In seiner Funktion als Berater steht er

etablierten Unternehmen und Startups in der

Schweiz, Deutschland und Österreich in den

Bereichen Business-Development, Digitales

Marketing und e-Commerce als Sparringpartner

und unternehmerisch beteiligter Berater zur Seite.

Haftungsausschluss

1. Auflage Januar 2018

Autor, Herausgeber, Redaktion, Satz, Gestaltung
(inkl. Umschlaggestaltung), Texte, Bilder, Titelbild:
Roger Basler.

© 2018 Roger Basler

ISBN 978-3-746-09460-1

Kontakt

Analytics Agentur

Neustadtgasse 1a

8400 Winterthur

Schweiz

mail@analytics-agentur.ch

www.analytics-agentur.ch

+41 44 856 62 65

Fragen Sie uns für digitale Geschäftsmodelle,

digitales Marketing, E-Commerce, Social Media

und SEO.

www.ingramcontent.com/pod-product-compliance
Lightning Source LLC
LaVergne TN
LVHW022351060326
832902LV00022B/4369